Duden

4. Klasse

Diktate

WISSEN » ÜBEN » TESTEN

2., aktualisierte Auflage

Dudenverlag
Berlin

Die Rechtschreibung in diesem Buch folgt im Falle von Schreibvarianten den Empfehlungen von Duden – Die deutsche Rechtschreibung.

Beratungsangebot für Eltern und Lehrer (kostenpflichtig):
Die **Duden-Sprachberatung** beantwortet Fragen zu Rechtschreibung, Grammatik, Zeichensetzung u. Ä.
montags bis freitags zwischen 09:00 und 17:00 Uhr.
Aus Deutschland: **09001 870098** (1,99 € pro Minute aus dem Festnetz)
Aus Österreich: **0900 844144** (1,80 € pro Minute aus dem Festnetz)
Aus der Schweiz: **0900 383360** (3,13 CHF pro Minute aus dem Festnetz)
Die Tarife für Anrufe aus den Mobilfunknetzen können davon abweichen.

Bibliografische Information der Deutschen Nationalbibliothek
Die Deutsche Nationalbibliothek verzeichnet diese Publikation in der Deutschen Nationalbibliografie; detaillierte bibliografische Daten sind im Internet über http://dnb.d-nb.de abrufbar.

D C B A
Bibliographisches Institut GmbH
Mecklenburgische Straße 53, 14197 Berlin

Redaktionelle Leitung: Constanze Schöder
Redaktion: Claudia Fahlbusch
Autorinnen: Ulrike Holzwarth-Raether und Ute Müller-Wolfangel
Illustration: Oliver Freudenreich

Herstellung: Ursula Fürst
Layout: Petra Bachmann, Weinheim
Umschlaggestaltung: Büroecco, Augsburg
Fotografie: Marcus Lechner
Satz: tiff.any GmbH, Berlin
Druck und Bindung: Firmengruppe APPL, Senefelderstraße 3–11, 86650 Wemding
Printed in Germany

ISBN 978-3-411-75182-2

Auch als E-Book erhältlich unter:
ISBN 978-3-411-91156-1
www.duden.de

Vorwort

Jetzt gehts los!

In diesem Heft findest du Diktattexte, die zu den Themen passen, die du aus dem Sachunterricht kennst.

- Natur
- Technik
- Zeit
- Raum
- Zusammenleben

Wissen

Üben

Testen

Schritt für Schritt lernst du, wie du die Diktattexte richtig üben und fehlerfrei schreiben kannst.
Du liest den **Diktattext** genau, beantwortest Verständnisfragen, sammelst weitere Informationen oder bildest dir eine Meinung zum Thema. Dann weißt du genau, worum es geht. Das hilft dir beim richtigen Schreiben. Notiere deine gesammelten Informationen oder deine Meinung auf einem extra Blatt Papier oder in einem Heft.
Bei **Wissen und Verstehen** informierst du dich über ein besonderes Rechtschreibproblem, das im Diktattext vorkommt. Du arbeitest an ihm.
Die **Rechtschreibstrategien** helfen dir, alle anderen Wörter des Textes zu üben.

Schau genau: Du kannst Fehler in einem Text nur finden, wenn du dich konzentrierst und dir jedes Wort genau anschaust. Das musst du üben.

Nachdenken: Beim Aufschreiben denkst du nach. Du überlegst zum Beispiel, welche Wörter großgeschrieben werden, oder verlängerst ein Wort, um einen Laut besser zu hören.

Merken: Wörter, bei denen das Nachdenken nicht hilft, musst du immer wieder schreiben und üben.

Mit dem Wörterbuch übst und kontrollierst du.

Bist du fit? Mit verschiedenen Diktatformen kannst du am Ende der Übungseinheiten zeigen, was du kannst.

Überprüfe deine Ergebnisse mit dem **Lösungsteil**.

Inhaltsverzeichnis

Inhaltsverzeichnis

Diktattext 1

Freundschaft und Liebe

Freundschaft und Liebe

In der Kindheit erwerben Menschen die Fähigkeit, Gefühle zu empfinden und sie auszudrücken. Dafür sind Liebe und Geborgenheit in der Familie wichtig. Die ersten Freundschaften werden in der Nachbarschaft, im Kindergarten und später in der Schule geschlossen. Lillis Eltern haben sich am Arbeitsplatz kennengelernt. Aus ihrer Bekanntschaft ist schnell Liebe geworden. Seitdem sind sie ein Paar. Sie helfen sich, unterstützen sich und sind füreinander da. Lilli hat Brummel, ihren alten Teddy, zum Liebhaben. Er teilt mit ihr Freude, Trauer und Angst. Sogar für ihren Ärger und ihre Wut hat er Verständnis, wenn sie abends nicht länger aufbleiben darf. Dann legt Brummel ihr vor dem Einschlafen beruhigend und tröstend seine Tatze auf die Schulter. (116 Wörter)

1 Lies den Text.
Was lernen Menschen schon in ihrer Kindheit?
Wo werden die ersten Freundschaften geschlossen?
Wofür hat Brummel Verständnis?
Wie tröstet der Teddy Lilli?

2 Lies den Text noch einmal. Sprich jedes Wort deutlich in Silben gegliedert.

3 Markiere die schwierigen Stellen in den Wörtern.

Meinung äußern

Extrarunde

Wie soll dein Partner oder deine Partnerin einmal aussehen? Male oder schreibe.

Nachgestellte Wortbausteine bei Nomen

Wissen und Verstehen

Wörter mit den nachgestellten Wortbausteinen **-heit**, **-keit**, **-ung**, **-nis**, **-schaft**, **-tum** und **-sal** sind Nomen. Nomen werden großgeschrieben.

die Schön**heit**	die Fröhlich**keit**	die Verpack**ung**	das Geständ**nis**
die Land**schaft**	das Wachs**tum**	das Schick**sal**	

Üben

1 Welches Wort ist falsch? Streiche es durch und schreibe es richtig darüber.

das Verständnis	das Ärgernis	die Wohnung ~~das Wohnnis~~	das Zeugnis
die Beruhigung	die Ereignung	die Empfindung	die Unterstützung
die Krankheit	die Geborgenheit	die Kindheit	die Freundlichheit
das Rinnsal	die Mühsal	die Trübschaft	das Schicksal
die Fähigkeit	die Traurigkeit	die Gesundkeit	die Ängstlichkeit
das Heiligtum	das Brauchtum	das Eigentum	die Alterheit
die Mannschaft	die Freundschaft	die Feindnis	die Herrschaft

Welches Wort ist falsch?

die Botschaft — der Orangenschaft
die Wirtschaft — die Ortschaft

Welches Wort ist falsch?

der Reichtum — der Irrtum
der Wachturm — das Wachtum

Nachgestellte Wortbausteine bei Nomen

Üben 2 Zu welchen Wörtern kannst du Nomen mit **-schaft**, **-tum** oder **-sal** bilden? Schreibe sie mit Artikel auf.

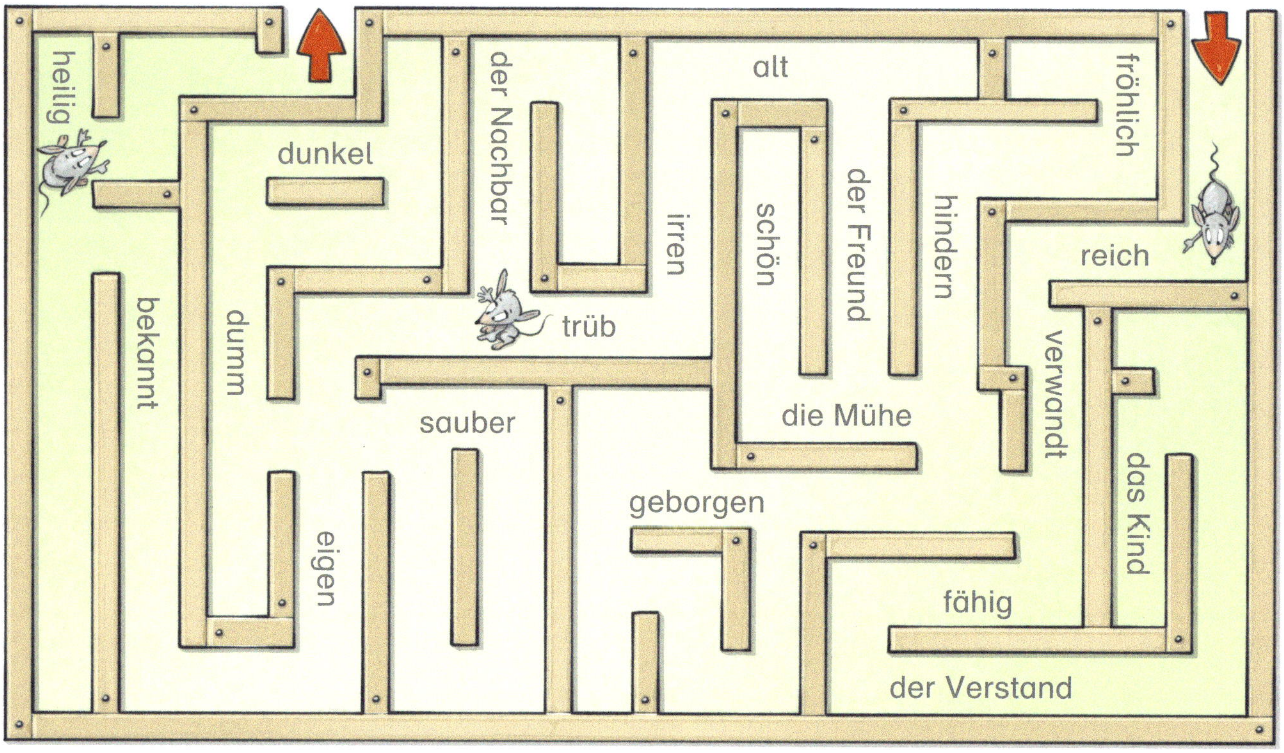

der Reichtum, ...

....

....

....

....

Üben 3 Ordne die Wörter nach dem Abc. Kontrolliere mit deinem Wörterbuch.

Freundschaft   für   Familie   Fähigkeit   Freude

....

....

Üben 4 Wende die verschiedenen Rechtschreibstrategien an.

Welcher Satz aus dem Diktattext passt zu diesen Anfangsbuchstaben? Schreibe ihn auf.

DlBivdEbutsTadS.

....

....

Ergänze die fehlenden Wörter und markiere **-end**.

lachen — lachende Kinder
— Oma stieg lachend aus dem Auto aus.

bellen — .... Hunde
— Coco kam .... auf uns zu.

trösten — .... Worte
— Brummel legt .... seine Tatze auf ihre Schulter.

beruhigen — .... Musik
— Olaf sprach .... auf seine Schwester ein.

tanzen — .... Paare
— Alije bewegte sich .... im Raum.

schmatzen — .... Babys
— Das Baby nuckelte .... an seiner Flasche.

Rechtschreibstrategien anwenden

Groß oder klein?
Ergänze die Nomen und Adjektive.
Markiere die Nomen aus dem Diktattext.

Nomen	Verb	Adjektiv
die Liebe	lieben	lieb
	ekeln	
	trauern	
	sich ängstigen	
	sich ärgern	
	wüten	
	sich freuen	
	trotzen	

Suche Wörter im Diktattext, die du dir merken musst. Schreibe sie so oft, bis du sie auswendig schreiben kannst.

Lückendiktat: Endungen einsetzen

Freundschaft und Liebe

In der Kindups erwerben Menschen die Fähigups, Gefühle zu empfinden und sie auszudrücken. Dafür sind Liebe und Geborgenups in der Familie wichtig. Die ersten Freundups werden in der Nachbarups, im Kindergarten und später in der Schule geschlossen. Lillis Eltern haben sich am Arbeitsplatz kennengelernt. Aus ihrer Bekanntups ist schnell Liebe geworden. Seitdem sind sie ein Paar. Sie helfen sich, unterstützen sich und sind füreinander da. Lilli hat Brummel, ihren alten Teddy, zum Liebhaben. Er teilt mit ihr Freude, Trauer und Angst. Sogar für ihren Ärger und ihre Wut hat er Verständups, wenn sie abends nicht länger aufbleiben darf. Dann legt Brummel ihr vor dem Einschlafen beruhigend und tröstend seine Tatze auf die Schulter.

- Ersetze „ups“ durch passende Endungen. Schreibe das Wort vollständig darüber.
- Lies den ersten Satz und merke ihn dir gut.
- Schreibe den Satz auswendig in dein Heft. Wiederhole dies mit allen Sätzen.
- Kontrolliere Wort für Wort und korrigiere deine Fehler.

Du kannst dir den Text oder Teile davon auch diktieren lassen.

Programme nutzen

Programme nutzen

In fast jedem Haushalt gibt es heute einen Computer. Es gibt Programme zum Spielen und Lernen, zur Bearbeitung von Texten und zum Surfen im Internet. Fürs Malen und Zeichnen und sogar zum Komponieren von Musikstücken gibt es spezielle Software. Finn beschäftigt sich mit seinem neuen Textverarbeitungsprogramm. Er übt das Hervorheben und das Unterstreichen von Überschriften, das Ausschneiden von Textstellen, das Kopieren und das Speichern. Besonders stolz ist er darauf, dass er bereits Fotos bearbeiten kann. Die Bilder vom Schulfest vergrößert und verkleinert er. Er macht Ausschnitte und färbt sie unterschiedlich ein. Das findet er toll. Manchmal verändert er Personen völlig hemmungslos. Diese sollen auf die Witzseite der Schülerzeitung kommen. (111 Wörter)

1. Lies den Text.
   Mit welchem Programm beschäftigt sich Finn?
   Was übt Finn?
   Was macht Finn mit den Bildern vom Schulfest?
   Auf welche Seite der Schülerzeitung sollen die Bilder kommen?
2. Lies den Text noch einmal. Sprich jedes Wort deutlich in Silben gegliedert.
3. Markiere die schwierigen Stellen in den Wörtern.

Meinungen äußern

Extrarunde

Warum sollte in jedem Klassenzimmer ein Computer stehen? Finde Argumente und schreibe sie auf.

Wissen und Verstehen

Verben kannst du als Nomen gebrauchen, wenn du ihre Grundform mit einem Artikel verbindest. Dann schreibst du sie groß.

Das Öffnen der Türen ist verboten.

In den Wörtern **beim**, **vom** und **zum** ist der Artikel versteckt. Auch nach diesen verkürzten Formen schreibst du die Verben groß.

Beim Schwimmen trage ich eine Schwimmbrille.
Der Kopf brummt mir **vom Sch**reien.
Zum Abschneiden brauche ich eine Schere.

Üben

1 Ergänze die Anfangsbuchstaben. Schreibe die dazugehörigen Verbformen auf.

Hilfe und Anleitung	
Textverarbeitung	
? das H ervorheben	? das ＿ peichern
? das ＿ nterstreichen	? das ＿ orrigieren
? das ＿ usschneiden	? das ＿ öschen
? das ＿ arkieren	? das ＿ ergrößern
? das ＿ infügen	? das ＿ erkleinern
? das ＿ alen	? das ＿ ormatieren
? das ＿ eichnen	? das ＿ opieren

hervorheben, ...

....

....

....

Verben werden zu Nomen

Üben 2

Welcher Artikel ist versteckt? Färbe den passenden Artikel ein.

Zum Spielen brauche ich Freunde.	der	die	dem
Beim Lernen konzentriere ich mich.	den	dem	das
Fürs Zeichnen gibt es spezielle Bleistifte.	den	das	die
Zur Bearbeitung eines Textes verwende ich ein Wörterbuch.	das	dem	der
Vom Surfen ist ihm ganz schwindelig.	der	dem	das
Ans Speichern denkt Klara immer.	das	den	dem
Beim Ausschneiden muss man genau hinschauen.	die	dem	der
Zum Komponieren kann man einen Computer benutzen.	das	der	dem

Üben 3

Welches der Wörter könnte der Haupteintrag in einem Wörterbuch sein? Markiere und kontrolliere.

DUDEN A–Z

programmieren die Programmänderung
das Programm die Programmierung

der Haushalt haushoch das Haus
der Hausschlüssel die Hausaufgabe

Üben 4

Wende die verschiedenen Rechtschreibstrategien an.

Entschlüssele diesen Satz aus dem Diktat mit dem Code:
1 = A, 2 = B, 3 = C, 4 = D ... Schreibe ihn auf.

_ _ _   _ _ _ _ _ _   _ _   _ _ _ _.
4 1 19   6 9 14 4 5 20   5 18   20 15 12 12.

....

Trage die Fremdwörter ein.

speziell (lat. > franz.)

besonders, eigentümlich

eine spezielle Ausrüstung

ein sehr .... Typ

finanziell (lat. > franz.)

das Geld betreffend, wirtschaftlich

.... Sorgen

.... abhängig sein

offiziell (lat. > franz.)

amtlich, feierlich

eine .... Bestätigung

eine .... Einweihung

kriminell (lat. > franz.)

strafbar, rücksichtslos, schlimm

.... Handlungen

eine .... Fahrweise

Rechtschreibstrategien anwenden

Groß oder klein?
Bilde zusammengesetzte Nomen und schreibe sie mit Artikel auf.

Programm-		-programm
der Programmstart	der Start	
	fernsehen	
	die Vorschau	
	drucken	
	waschen	
	das Heft	
	zeichnen	
	die Zeitschrift	
	trainieren	
	der Hinweis	

Suche Wörter im Diktattext, die du dir merken musst.
Schreibe sie so oft, bis du sie auswendig schreiben kannst.

Wortartendiktat

programme nutzen

In fast jedem haushalt gibt es heute einen computer. Es gibt programme zum spielen und lernen, zur bearbeitung von texten und zum surfen im internet. Fürs malen und zeichnen und sogar zum komponieren von musikstücken gibt es spezielle software. Finn beschäftigt sich mit seinem neuen textverarbeitungs-programm. Er übt das hervorheben und das unterstreichen von überschriften, das ausschneiden von textstellen und das kopieren und speichern. Besonders stolz ist er darauf, dass er bereits fotos bearbeiten kann. Die bilder vom schulfest vergrößert und verkleinert er. Er macht ausschnitte und färbt sie unterschiedlich ein. Das findet er toll. Manchmal verändert er personen völlig hemmungslos. Diese sollen auf die witzseite der schülerzeitung kommen.

- Finde alle Wörter, die großgeschrieben werden müssen. Korrigiere ihren Anfangsbuchstaben.
- Lies den ersten Satz und merke ihn dir gut.
- Schreibe den Satz auswendig in dein Heft. Wiederhole dies mit allen Sätzen.
- Kontrolliere Wort für Wort und korrigiere deine Fehler.

Du kannst dir den Text oder Teile davon auch diktieren lassen.

Diktattext 3

Die Tageszeitung

Die Tageszeitung

Eine Tageszeitung hat verschiedene Teile. Für jeden ist etwas Interessantes dabei. Die einen Leser wollen das Neueste über Politik und Wirtschaft wissen. Andere Leser suchen im Sportteil nach den drei Schnellsten vom gestrigen Fahrradrennen. Manche schneiden viel Wissenswertes aus und heften es ab. Schnäppchenjäger stürzen sich auf der Suche nach dem Preiswertesten und Billigsten auf den Anzeigenteil. Selbst Leos kleine Schwester Laura findet etwas in der heutigen Zeitung. Sie ist ganz besonders hinter allem Bunten her. Sie reißt alles, was bunt ist, heraus und knüllt es zu kleinen Kügelchen zusammen. Leo, der Wetterfrosch, ist entsetzt, weil Laura die Wetterseite erwischt hat. Jetzt hat er heute nichts Aktuelles mehr für seine Wettermappe. (113 Wörter)

1. Lies den Text.
   Wonach suchen Leser im Politik- und Wirtschaftsteil der Zeitung?
   Was wollen die Leser im Sportteil nachlesen?
   Worauf stürzen sich die Schnäppchenjäger?
   Was macht Laura mit der Zeitung?
   Warum ist Leo entsetzt über Lauras Aktion?
2. Lies den Text noch einmal. Sprich jedes Wort deutlich in Silben gegliedert.
3. Markiere die schwierigen Stellen in den Wörtern.

Meinungen äußern

Extrarunde

Schau dir eure Tageszeitung an und notiere, welche Teile sie hat. Welche Seite magst du am liebsten? Begründe und schreibe auf.

Adjektive werden zu Nomen

Wissen und Verstehen

Adjektive kannst du als Nomen gebrauchen, wenn du sie mit einem Artikel verbindest. Du schreibst sie dann groß.

Ezra ist **die Größte** in der Klasse.

Adjektive werden auch großgeschrieben, wenn du sie mit den unbestimmten Zahlwörtern **alles**, **etwas**, **viel**, **nichts** und **wenig** verbindest.

Zum Geburtstag wünsche ich dir **alles Gute**.

Üben

1 Tausche aus. Färbe den Artikel und den Anfangsbuchstaben ein.

	ist nicht immer	
Das Neueste	→	das Interessanteste
Das Interessanteste	→	das Neueste.
Der Schnelle	→	der Erste.
	→	
Das Preiswerteste	→	das Schlechteste
	→	
Das Billige	→	das Sparsamste
	→	
Das Teuerste	→	das Beste
	→	
Der Geizige	→	der Reichste
	→	

Adjektive werden zu Nomen

Üben 2 Ergänze die Sprechblasen.

Ich möchte etwas Interessantes.

Ich möchte ....

Ich möchte ....

Ich möchte ....

Ich möchte ....

Ich möchte ....

Üben 3 Zwischen welche Kopfwörter passen die Wörter **der Sport**, **die Suche** und **schnell**? Trage sie ein. Kontrolliere mit deinem Wörterbuch.

schminken – Schranke: ....

sponsern – Standesamt: ....

Strauß – Südafrika: ....

Üben 4 Wende die verschiedenen Rechtschreibstrategien an.

Welche Wörter aus dem Diktattext erkennst du? Schreibe sie mit Artikel auf.

der Schnägerjäppchen ....

die Wappemetter ....

der Woschfretter ....

die Weitesetter ....

die Zagesteitung ....

das Rahrradfennen ....

der Tortspeil ....

Trage die Zeitangaben in die Tabelle ein.

heutig · übermorgen · vorgestern · zukünftig · gegenwärtig · gestrig · heute · morgen · gestern

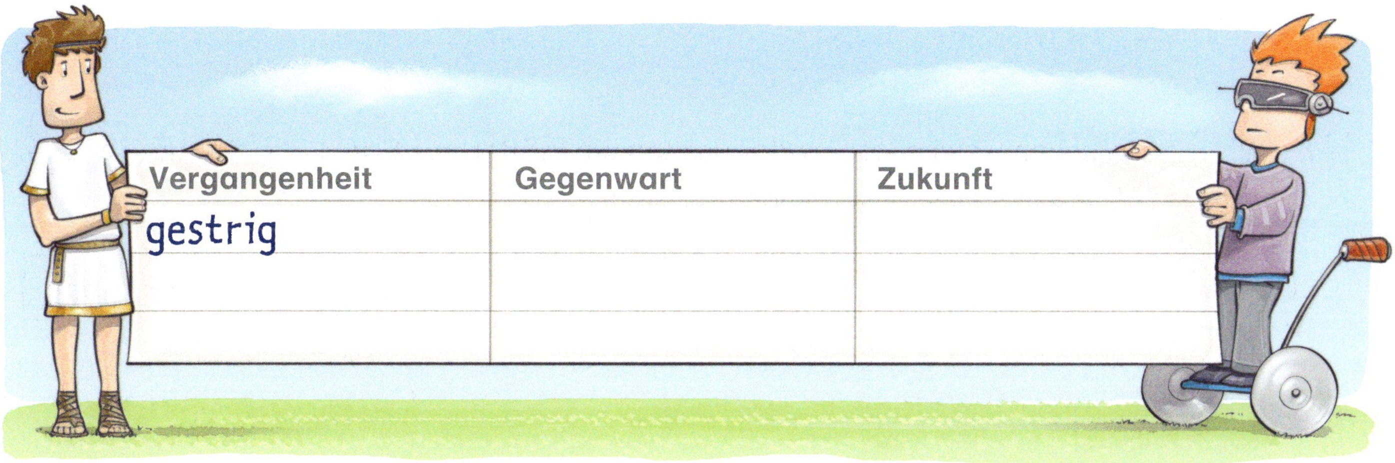

Vergangenheit	Gegenwart	Zukunft
gestrig		

Rechtschreibstrategien anwenden

Groß oder klein?
Markiere alle Adjektive, die im Diktattext als Nomen gebraucht werden.
Unterstreiche alle anderen Nomen ___.Ordne in die Tabelle ein.

	___
das Interessante,	die Tageszeitung,

Suche Wörter im Diktattext, die du dir merken musst. Schreibe sie so oft, bis du sie auswendig schreiben kannst.

Schleichdiktat

Die Tageszeitung

Eine Tageszeitung hat verschiedene Teile. Für jeden ist etwas Interessantes dabei. Die einen Leser wollen das Neueste über Politik und Wirtschaft wissen. Andere Leser suchen im Sportteil nach den drei Schnellsten vom gestrigen Fahrradrennen. Manche schneiden viel Wissenswertes aus und heften es ab. Schnäppchenjäger stürzen sich auf der Suche nach dem Preiswertesten und Billigsten auf den Anzeigenteil. Selbst Leos kleine Schwester Laura findet etwas in der heutigen Zeitung. Sie ist ganz besonders hinter allem Bunten her. Sie reißt alles, was bunt ist, heraus und knüllt es zu kleinen Kügelchen zusammen. Leo, der Wetterfrosch, ist entsetzt, weil Laura die Wetterseite erwischt hat. Jetzt hat er heute nichts Aktuelles mehr für seine Wettermappe.

- Lege das Diktat zur Seite, zum Beispiel auf die Fensterbank.
- Lies dort den ersten Satz und merke ihn dir gut.
- Gehe an deinen Schreibtisch und schreibe den Satz auswendig in dein Heft.
- Gehe zurück zum Diktat und mache es genauso mit allen anderen Sätzen.
- Kontrolliere Wort für Wort und korrigiere deine Fehler.

Du kannst dir den Text oder Teile davon auch diktieren lassen.

Diktattext 4

Auf der Wiese

Auf der Wiese

Wiesen sehen unterschiedlich aus. Es gibt Blumenwiesen, Magerwiesen, Feuchtwiesen und sogar Fettwiesen. Auf einer Blumenwiese wachsen der Klee, eine wilde Art der Möhre, der Hahnenfuß und andere Samenpflanzen. Zweimal im Jahr wird sie gemäht. Das Gras wird als Viehfutter verwendet. Die Wiese ist auch für viele Tiere ein Lebensraum. Käfer, Bienen, Schmetterlinge und allerlei Kriechtiere leben dort. Auf den Magerwiesen weiden Schafe. Diese Wiesen sehen kahl aus, weil Schafe die Gräser kurz halten und alles, was irgendwie wächst, abknabbern. Feuchtwiesen findet man oft an Seen und Flüssen. Man erkennt sie am satten Grün und am leuchtenden Gelb der Sumpfdotterblumen. Das Braunkehlchen hält sich gerne dort auf. Die Fettwiese ist nicht fettig. Sie ist nur stark gedüngt. Das gefällt dem Löwenzahn. Er fühlt sich dort besonders wohl. (129 Wörter)

1. Lies den Text.
   Wie heißen die unterschiedlichen Wiesenformen?
   Warum sehen die Magerwiesen kahl aus?
   Warum bezeichnet man Schafe auch als natürliche Rasenmäher?
   Warum heißt eine Wiesenform „Fettwiese“?
2. Lies den Text noch einmal. Sprich jedes Wort deutlich in Silben gegliedert.
3. Markiere die schwierigen Stellen in den Wörtern.

Informationen sammeln — Extrarunde

Sammle Informationen zu einer Wiesenblume, die dir besonders gut gefällt. Erstelle einen Steckbrief dazu.

Wissen und Verstehen

Viele Wörter mit einem betonten lang gesprochenen Vokal schreibst du so, wie du sie sprichst.

der V**o**gel sie l**a**s g**u**t

In manchen Wörtern wird der lang gesprochene Vokal durch eine Verdoppelung, durch ein Dehnungs-**h**, durch -**ie** oder durch -**ieh** dargestellt.

das M**ee**r d**oo**f die Sa**h**ne i**h**r das T**ie**r das V**ieh**

Üben

1 Untersuche die Wörter. Wie wird der betonte lang gesprochene Vokal dargestellt? Kreuze an.

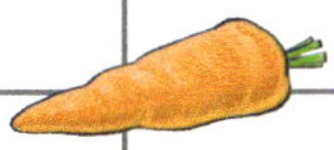

	ohne Dehnungs-zeichen	Doppel-vokal: aa, ee, oo	Dehnung durch -h	Dehnung durch -ie	Dehnung durch -ieh
die Wiese				X	
der Klee		X			
die Möhre			X		
der Samen	X				
das Jahr			X		
das Gras	X				
das Vieh					X
das Tier				X	
der Käfer	X				
die Biene				X	
die Kriechtiere				X	
das Schaf	X				
der See		X			
fühlen			X		
viele				X	
leben	X				
kahl			X		
wohl			X		

Der lang gesprochene Vokal

Üben 2 Löse die Rätsel und schreibe jedes Wort unten noch einmal auf. Achte auf die Groß- und Kleinschreibung. Markiere die Wörter aus dem Diktattext.

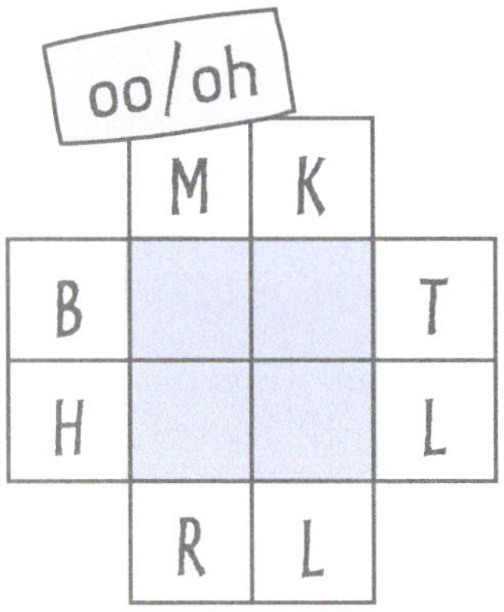

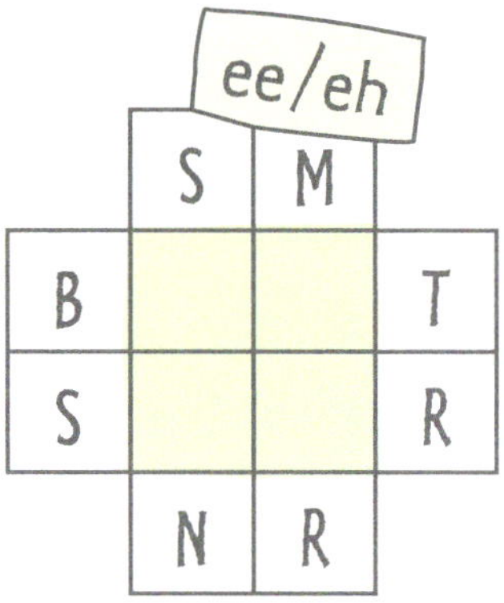

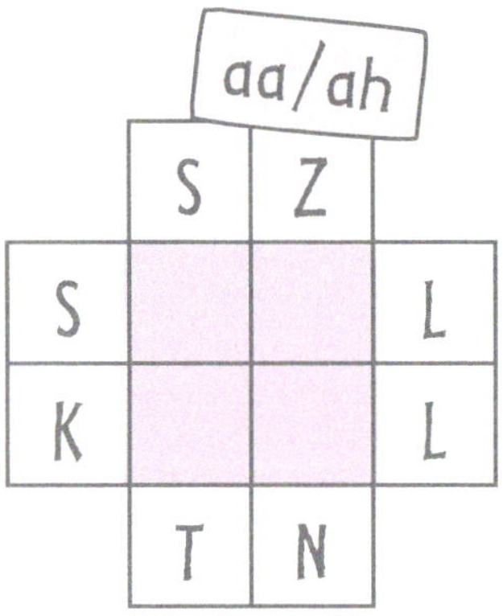

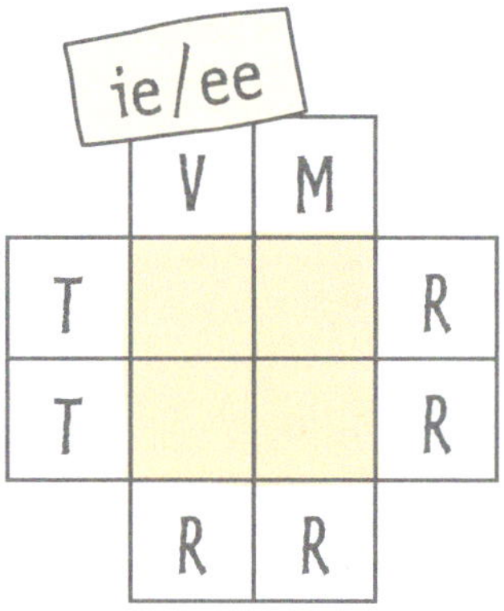

das Boot, ...

....

....

Üben 3 Zerlege die zusammengesetzten Wörter. Schreibe jedes Wort auf und suche es in deinem Wörterbuch.

Feuchtwiese ....

Lebensraum ....

Viehfutter ....

nährstoffarm ....

Üben 4 Wende die verschiedenen Rechtschreibstrategien an.

Welchen Satz aus dem Diktattext erkennst du hier? Schreibe ihn richtig auf.

Föchtwösön föndöt mön öft ön Söön önd Flössön.

....

Verbinde, was zusammengehört. Trage dann die Pflanzennamen ein, die zu den Fugenelementen passen. Vergiss den Artikel nicht.

Wenn du die Blumen nicht kennst, schau zuerst nach den Pflanzennamen in den Lösungen.

die Gans	die Kralle	das Gäns e blümchen
der Storch	das Blümchen	en
der Löwe	das Täschel	n
der Teufel	das Mäulchen	s
der Hahn	der Becher	en
der Löwe	der Schnabel	n
die Sonne	der Fuß	n
der März	die Blume	en
der Hirte	der Klee	n
der Hase	der Zahn	n

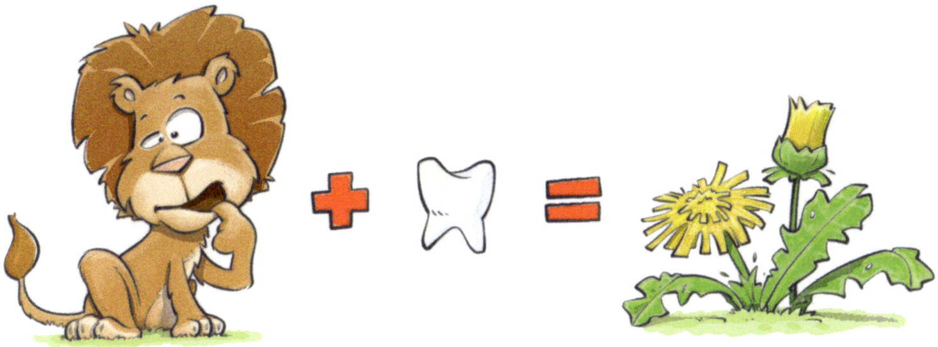

Groß oder klein? Ergänze jeweils die Farbe.

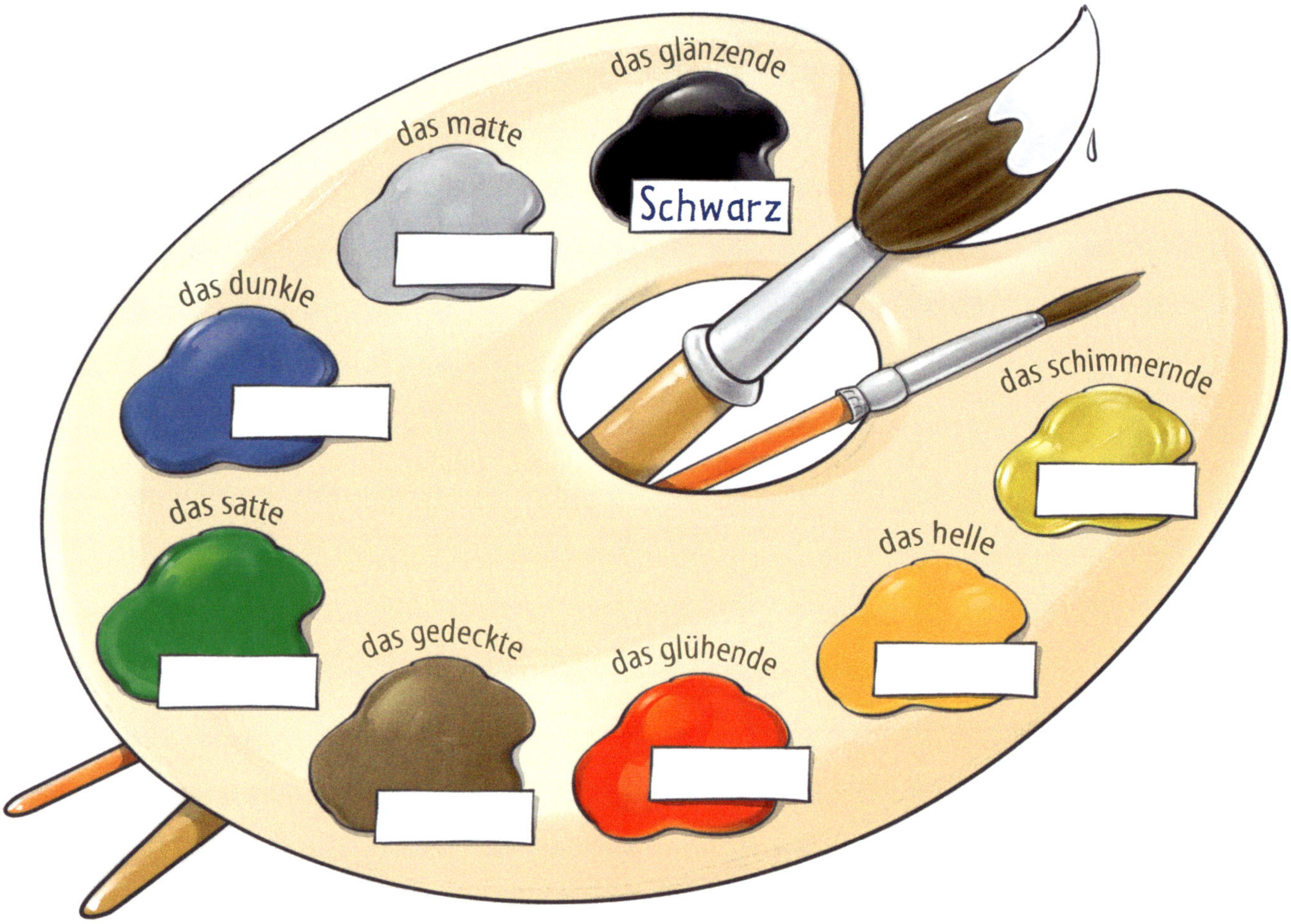

Suche Wörter im Diktattext, die du dir merken musst. Schreibe sie so oft, bis du sie auswendig schreiben kannst.

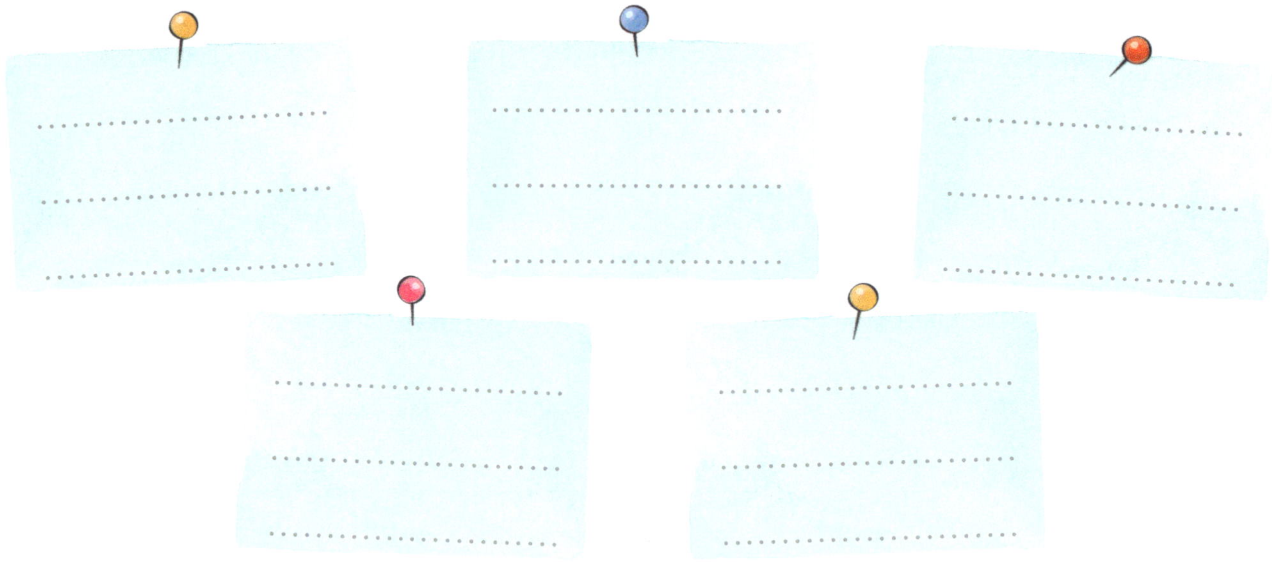

Puzzlediktat: Abschnitte ordnen

Auf der Wiese

Feuchtwiesen findet man oft an Seen und Flüssen. Man erkennt sie am satten Grün und am leuchtenden Gelb der Sumpfdotterblumen. Das Braunkehlchen hält sich gerne dort auf. Die Fettwiese ist nicht fettig. Sie ist nur stark gedüngt. Das gefällt dem Löwenzahn. Er fühlt sich dort besonders wohl.

Wiesen sehen unterschiedlich aus. Es gibt Blumenwiesen, Magerwiesen, Feuchtwiesen und sogar Fettwiesen. Auf einer Blumenwiese wachsen der Klee, eine wilde Art der Möhre, der Hahnenfuß und andere Samenpflanzen. Zweimal im Jahr wird sie gemäht. Das Gras wird als Viehfutter verwendet. Die Wiese ist auch für viele Tiere ein Lebensraum. Käfer, Bienen, Schmetterlinge und allerlei Kriechtiere leben dort.

Auf den Magerwiesen weiden Schafe. Diese Wiesen sehen kahl aus, weil Schafe die Gräser kurz halten und alles, was irgendwie wächst, abknabbern.

- Nummeriere die Abschnitte in der Reihenfolge, wie sie im Diktattext stehen.
- Lies den ersten Satz und merke ihn dir gut.
- Schreibe den Satz auswendig in dein Heft. Wiederhole dies mit allen Sätzen.
- Kontrolliere Wort für Wort und korrigiere deine Fehler.

Du kannst dir den Text oder Teile davon auch diktieren lassen.

Feuer

Feuer

Für die Menschen war das Feuer schon immer von großer Bedeutung. Feuer spendete Wärme und Licht. Nahrung wurde gekocht und geräuchert. Gefäße wurden gebrannt und Metalle für Waffen und Werkzeuge geschmolzen. Die hellen Flammen dienten zum Schutz vor wilden Tieren. Fackeln beleuchteten Wege und Räume. Feuer war aber auch immer eine gefährliche Sache. Gerade weil es zum Beispiel im Mittelalter so viele offene Feuer gab, brannten immer wieder ganze Siedlungen ab. Auch heute noch kann sich durch eine weggeworfene Zigarette ein riesengroßer Waldbrand entzünden und eine kleine Kerze kann einen Hausbrand verursachen. Deshalb passt Florian beim Anzünden der Adventskranzkerzen auch besonders auf. Er ist so vorsichtig, dass er in der Weihnachtszeit immer eine Kanne und eine Wanne mit Wasser in eine Wohnzimmerecke stellt. (124 Wörter)

1. Lies den Text.
   Wozu nutzten die Menschen früher das Feuer?
   Warum sind offene Feuer gefährlich?
   Wie können Waldbrände entstehen?
   Was kann eine kleine brennende Kerze verursachen?
   Welche Vorsichtsmaßnahmen trifft Florian?
2. Lies den Text noch einmal. Sprich jedes Wort deutlich in Silben gegliedert.
3. Markiere die schwierigen Stellen in den Wörtern.

Informationen sammeln — Extrarunde

Informiere dich darüber, welche Möglichkeiten es gibt, einen Brand zu löschen? Schreibe auf.

Der kurz gesprochene Vokal

Wissen und Verstehen

Nach einem betonten kurz gesprochenen Vokal oder Umlaut folgen mehrere Konsonanten. Es können verschiedene Konsonanten sein, aber auch zwei gleiche.

die Bi**rn**e hü**pf**en die Kla**ss**e schwi**mm**en

Wenn der Doppelkonsonant am Ende des Wortstammes eines Verbs steht, musst du besonders aufpassen. Du kannst dir helfen, indem du die Grundform bildest.

du ko**mm**st – ko**mm**en

Üben

1 Löse die Rätsel und schreibe jedes Wort mit Artikel auf. Bearbeite dann die Tabelle.

W A L (L / D) .... der Wall .... / ....

W A N (Z / N) E .... / ....

K A N (N / T) E .... / ....

K E L (T / L) E N .... / ....

Wort	zwei gleiche Konsonanten	zwei verschiedene Konsonanten
immer	X	
spenden		
gebrannt		
die Metalle		
die Waffen		
der Schutz		
die Flamme		
wild		

Wort	zwei gleiche Konsonanten	zwei verschiedene Konsonanten
hell		
offen		
der Wald		
der Brand		
die Kerze		
aufpassen		
das Wasser		
er stellt		

Der kurz gesprochene Vokal

Üben 2 Bilde möglichst viele Personalformen und schreibe sie auf.

er rennt, ...

....

....

....

....

Üben 3 Schreibe auf, unter welcher Grundform du die Verbformen im Wörterbuch nachschlägst. Kontrolliere mit deinem Wörterbuch.

DUDEN A–Z

er ist gerannt	....	es hat gebrannt	....
es hat gepasst	....	sie hat gestellt	....

Üben 4 Wende die verschiedenen Rechtschreibstrategien an.

Ersetze „PLONG“ durch das passende Wort aus dem Diktattext. Schreibe den Satz auf.

DESHALBPLONGFLORIANBEIMPLONGDERPLONGAUCHPLONGAUF.

....

Welche Wörter haben nichts mit „Ende“ zu tun? Überprüfe und kreise ein. Schreibe die Wörter auf und markiere die Wortbausteine **Ent-/ent-**.

der Endspurt | die Endsumme | entlaufen | entsorgen | die Entfernung | entweder

entdecken | das Endspiel | entschuldigen | die Endreinigung | endlos | entlang

das Ende | entscheiden | entmutigt | entgehen | enttäuscht | das Endstadium

die Endung | die Endrunde | entziffern | entzünden | entsetzlich | endgültig

entlaufen, ...

....

....

....

....

Rechtschreibstrategien anwenden

Groß oder klein?
Bilde zusammengesetzte Nomen. Schreibe sie mit Artikel auf.

das Mal   das Haus   die Mauer   der Wald   der Herd   die Blase
die Sonne   der Satz   das Kabel   die Schneise   die Fläche
das Zeichen   die Stifterin   der Geruch   das Zimmer   die Steppe

das Brandmal,

der Hausbrand,

Suche Wörter im Diktattext, die du dir merken musst. Schreibe sie so oft, bis du sie auswendig schreiben kannst.

Testen Bist du fit?

Tauschdiktat: Nomen ersetzen

Feuer

Für das Feuer war die Menschen schon immer von großer Bedeutung. Wärme spendete Feuer und Licht. Nahrung wurde gekocht und geräuchert. Waffen wurden gebrannt und Werkzeuge für Gefäße und Metalle geschmolzen. Die hellen Tiere dienten zum Schutz vor wilden Flammen. Wege beleuchteten Fackeln und Räume. Sache war aber auch immer eine gefährliche Feuer. Gerade weil es zum Beispiel im Feuer so viele offene Siedlungen gab, brannten immer wieder ganze Mittelalter ab.

Auch heute noch kann sich durch eine weggeworfene Kerze ein riesengroßer Hausbrand entzünden und eine kleine Zigarette kann einen Waldbrand verursachen. Deshalb passt Florian beim Anzünden der Adventskranzkerzen auch besonders auf. Er ist so vorsichtig, dass er in der Weihnachtszeit immer eine Wohnzimmerecke und eine Wanne mit Wasser in eine Kanne stellt.

- Ersetze die vertauschten Nomen und schreibe sie richtig darüber.
- Lies den ersten Satz und merke ihn dir gut.
- Schreibe den Satz auswendig in dein Heft. Wiederhole dies mit allen Sätzen.
- Kontrolliere Wort für Wort und korrigiere deine Fehler.

Du kannst dir den Text oder Teile davon auch diktieren lassen.

Diktattext 6

Straßennamen

Straßennamen

Wenn man in einer Landschaft oder Stadt fremd ist, braucht man eine Landkarte oder einen Stadtplan, um sich zurechtzufinden. Um eine Karte zu verstehen, muss man die Legende lesen können. Auf einem Stadtplan sind die Sehenswürdigkeiten, die Straßen und die Plätze mit Namen eingezeichnet. Die Straßennamen werden sehr unterschiedlich geschrieben. Im Berliner Stadtplan zum Beispiel findet man eine Danziger Straße, eine Friedrichstraße, eine Willy-Brandt-Straße. Bei den Namen der Plätze und der Sehenswürdigkeiten ist es genauso. Eine ziemlich komplizierte Angelegenheit ist das. Da gibt es einen Adenauerplatz, einen Rosa-Luxemburg-Platz, eine Kaiser-Wilhelm-Gedächtnis-Kirche, aber auch eine Johanneskirche. Es gibt eine amerikanische Botschaft, aber auch ein Schlesisches Tor. Da soll einer durchsteigen. (109 Wörter)

1. Lies den Text.
   Wofür braucht man eine Landkarte?
   Was findet man alles in einem Stadtplan?
   Was fällt dir an der Schreibweise von Straßen, Plätzen und Sehenswürdigkeiten auf?
2. Lies den Text noch einmal. Sprich jedes Wort deutlich in Silben gegliedert.
3. Markiere die schwierigen Stellen in den Wörtern.

Informationen sammeln — Extrarunde

Male einen Plan von deiner nächsten Umgebung. Trage die Straßennamen ein.
Steigst du durch?

Namen von Straßen, Plätzen und Gebäuden

Wissen und Verstehen

Namen von Straßen, Plätzen und öffentlichen Gebäuden sind Eigennamen. Du schreibst sie groß. Sie können zusammengeschrieben, getrennt oder mit Bindestrich geschrieben werden.

Einfache Namen schreibst du zusammen.

Haup**ts**traße   Bismarc**kp**latz   Löwe**nt**or

Ist der Name von einem Orts- oder Ländernamen abgeleitet und wird dieser mit **-er** gebildet, dann schreibst du den Namen getrennt.

Mannheim**er S**traße   Österreichisch**er P**latz   Heidelberg**er S**chloss

Namen, die aus mehrteiligen Namen (z. B. Vor- und Nachnamen) zusammengesetzt sind, schreibst du mit Bindestrichen.

Astrid**-**Lindgren**-**Straße   Paul**-**Maar**-**Platz   Martin**-**Luther**-**Kirche

Üben

1 Trage die Namen der Straßen, Plätze und Gebäude in die Tabelle ein.

Brandenburger Tor   Haydnstraße   Bismarckplatz
Rosa-Luxemburg-Platz   Martinstor   Josef-Haydn-Straße
Kaiser-Wilhelm-Gedächtnis-Kirche   Bremer Straße   Danziger Straße
Johanneskirche   Hans-Thoma-Platz   Willy-Brandt-Straße   Kölner Dom
Pariser Platz   Friedrichsplatz

einfache Namen	von Orts- und Ländernamen abgeleitet	mehrteilige Namen
	Brandenburger Tor	

Namen von Straßen, Plätzen und Gebäuden

Üben 2 Überprüfe die Straßennamen und korrigiere sie.

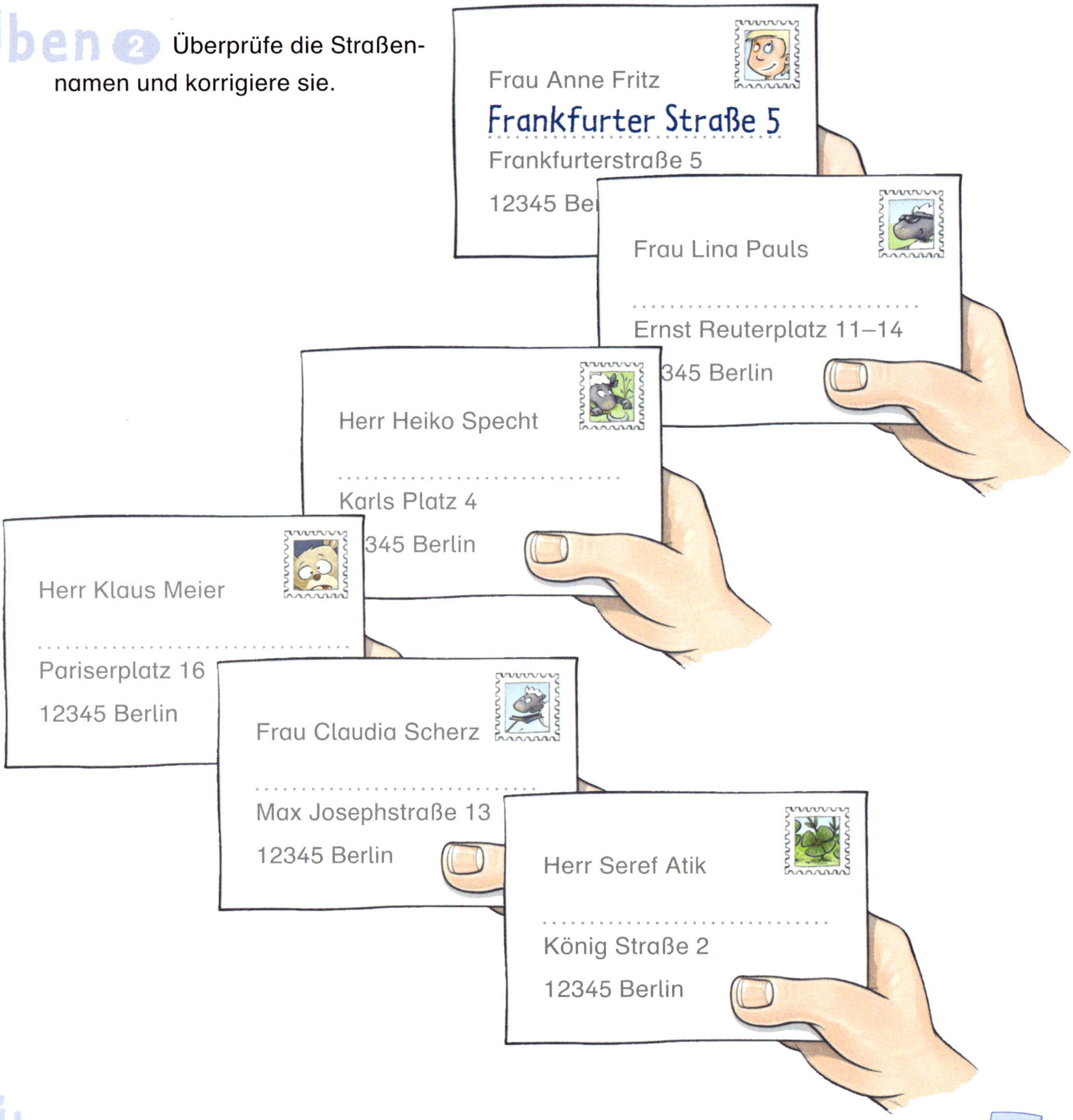

Üben 3 Sortiere die Wörter dieses Satzes nach dem Abc. Schreibe sie auf. Kontrolliere mit deinem Wörterbuch.

Auf einem Stadtplan sind die Sehenswürdigkeiten, die Straßen und die Plätze mit Namen eingezeichnet.

....

....

Üben 4

Wende die verschiedenen Rechtschreibstrategien an.

Erkennst du die Wörter aus dem Diktattext wieder? Schreibe sie auf.

Botschaft Landkarte Plätze Legende Stadtplan ....

Schreibe sinnvolle Verbindungen auf und ergänze das passende Verb.

Verbindung	Verb in der Grundform
pürierte Kartoffeln	pürieren

Rechtschreibstrategien anwenden

Groß oder klein?
Suche den passenden Ländernamen und schreibe auf, was für diese Länder typisch ist.

Wein | Olivenöl | Tee | Lachs | Pralinen

Oliven | Käse | Honig | Knäckebrot

Warum schreibt man dann Schlesisches Tor so?

England 
englischer Tee

Käse

Suche Wörter im Diktattext, die du dir merken musst. Schreibe sie so oft, bis du sie auswendig schreiben kannst.

Schleichdiktat

Straßennamen

Wenn man in einer Landschaft oder Stadt fremd ist, braucht man eine Landkarte oder einen Stadtplan, um sich zurechtzufinden. Um eine Karte zu verstehen, muss man die Legende lesen können. Auf einem Stadtplan sind die Sehenswürdigkeiten, die Straßen und die Plätze mit Namen eingezeichnet. Die Straßennamen werden sehr unterschiedlich geschrieben. Im Berliner Stadtplan zum Beispiel findet man eine Danziger Straße, eine Friedrichstraße, eine Willy-Brandt-Straße. Bei den Namen der Plätze und der Sehenswürdigkeiten ist es genauso. Eine ziemlich komplizierte Angelegenheit ist das. Da gibt es einen Adenauerplatz, einen Rosa-Luxemburg-Platz, eine Kaiser-Wilhelm-Gedächtnis-Kirche, aber auch eine Johanneskirche. Es gibt eine amerikanische Botschaft, aber auch ein Schlesisches Tor. Da soll einer durchsteigen.

- Lege das Diktat zur Seite, zum Beispiel auf die Fensterbank.
- Lies dort den ersten Satz und merke ihn dir gut.
- Gehe an deinen Schreibtisch und schreibe den Satz auswendig in dein Heft.
- Gehe zurück zum Diktat und mache es genauso mit allen anderen Sätzen.
- Kontrolliere Wort für Wort und korrigiere deine Fehler.

Du kannst dir den Text oder Teile davon auch diktieren lassen.

Straßengeräusche

Straßengeräusche

Auch in einer ruhig gelegenen Spielstraße beginnt das Leben schon frühmorgens. Die Zeitungsboten verteilen die Zeitungen und klappern an den Briefkästen. Um sechs Uhr morgens hört man schon die Autos wegfahren. Lärm macht auch die Müllabfuhr, die werktags im Laufe des Vormittags vorbeikommt. Ruhiger wird es mittags. Das ändert sich aber wieder, wenn am Nachmittag die Kinder aus dem Kindergarten und aus der Schule heimkommen. Da herrscht auf der Spielstraße Hochbetrieb. Erst spätabends wird es wieder stiller, bis es in der Nacht kaum noch ein Geräusch gibt. Still und ruhig war es auch gestern Morgen in der Spielstraße. Kein Wunder! Am Sonntagmorgen schläft die ganze Straße aus. (108 Wörter)

1. Lies den Text.
   Was passiert schon morgens um sechs Uhr?
   Wann kommt die Müllabfuhr?
   Wann herrscht Hochbetrieb in der Spielstraße?
   Was ist anders am Sonntagmorgen?
2. Lies den Text noch einmal. Sprich jedes Wort deutlich in Silben gegliedert.
3. Markiere die schwierigen Stellen in den Wörtern.

Informationen sammeln

Extrarunde

Informiere dich darüber, was in deiner Straße im Laufe eines Tages passiert, auch wenn du in der Schule bist. Schreibe auf.

Wissen und Verstehen

Zeitangaben kannst du mit Nomen bezeichnen. Sie werden großgeschrieben.

der Morgen **am Abend** **eine Nacht** **der Mittag**

Zeitangaben kannst du auch mit Umstandswörtern ausdrücken. Dann werden sie kleingeschrieben.

morgens **frühmorgens** **montagmittags**

Bei verbundenen Zeitangaben schreibt man das Nomen groß.

heute Morgen **morgen Abend**

Üben

1 Färbe die Zeitangaben in der passenden Farbe ein. Schreibe danach alle Zeitangaben auf.

frühmorgens | ein Donnerstag | morgens | werktags | vorgestern Nacht

in der Nacht | der Vormittag | am Sonntagmorgen | am Nachmittag | mittags

samstags | morgen Mittag | spätabends | gestern Morgen | freitagmittags

ein Donnerstag, ...

....

....

....

Zeitangaben

Üben 2 Schreibe Zeitangaben in möglichst vielen verschiedenen Formen auf.

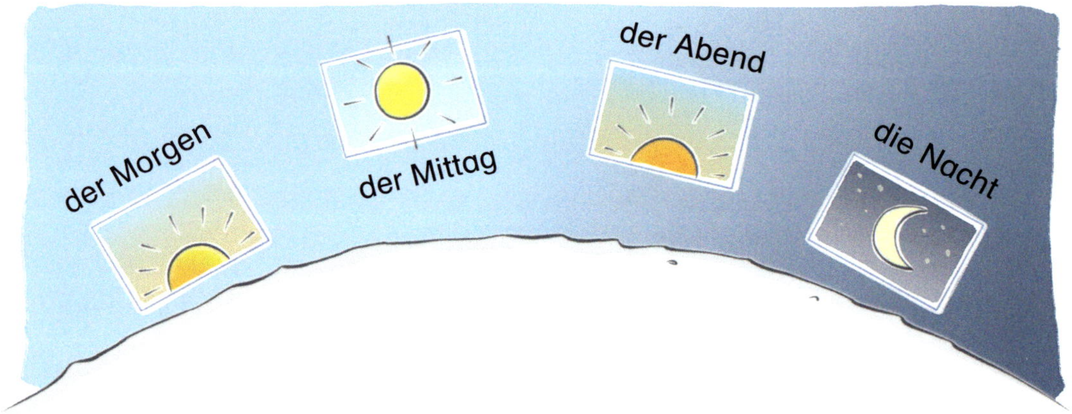

morgens ....

....

....

Mittwochnacht ....

....

....

Üben 3 Suche in deinem Wörterbuch das Wort „werktags“. Schreibe den dazugehörigen Haupteintrag und alle Nebeneinträge nach dem Abc geordnet auf.

....

....

....

Üben 4 Wende die verschiedenen Rechtschreibstrategien an.

Bilde mindestens fünf weitere zusammengesetzte Wörter.

Spielstraße .... Straßenbahn .... Bahn ....

....

Suche möglichst viele Verben, die du mit diesen Wortbausteinen verbinden kannst und schreibe sie auf.

heim-

heimbringen ....

....

....

....

....

vorbei-

....

....

....

....

....

aus-

....

....

....

....

....

weg-

....

....

....

....

....

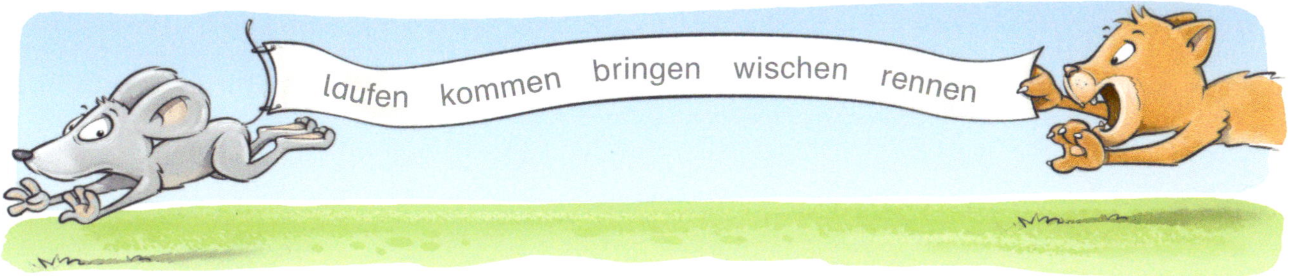

Rechtschreibstrategien anwenden

Groß oder klein?

Ergänze die Tabelle. Markiere alle Wörter, die im Diktattext stehen.

die Zeitung, die Schule, der Müll, das Auto, der Brief, die Kinder, der Sonntag, das Spiel

singen, schaukeln, waschen, trinken, spielen, schreiben, gießen, stehen

groß, hoch, lang, laut, alt, quer, falsch, weich

Nomen + Nomen	**Verb + Nomen**	**Adjektiv + Nomen**
die Spielstraße	die Waschmaschine	der Hochbetrieb
der ....bote	die ....straße	die ....flöte
der ....kasten	der ....tisch	die ....stärke
die ....abfuhr	der ....vogel	der ....spüler
der ....garten	die ....lampe	der ....vater
der ....morgen	die ....flasche	das ....papier
das ....haus	der ....stuhl	das ....geld
die ....tür	die ....kanne	der ....schläfer

Suche Wörter im Diktattext, die du dir merken musst. Schreibe sie so oft, bis du sie auswendig schreiben kannst.

Selbstdiktat

....

....

....

....

....

....

....

....

....

....

....

....

....

- Schreibe den Diktattext als Selbstdiktat. Verwende dabei so viele Wörter wie möglich aus dem Diktattext.
- Lies dann deinen ersten Satz und merke ihn dir gut.
- Schreibe den Satz auswendig in dein Heft. Wiederhole dies mit allen Sätzen.
- Kontrolliere Wort für Wort und korrigiere deine Fehler.

Du kannst dir den Text oder Teile davon auch diktieren lassen.

Diktattext 8

Europaparlament

Europaparlament

Im Parlament der Europäischen Union sind viele Nationen vertreten. Die Politiker, die in dieser Institution als Abgeordnete arbeiten, werden von den Bürgern der Mitgliedsländer gewählt. Alle europäischen Mitgliedsländer müssen sich an gemeinsam geschlossene Verträge halten. Im Europaparlament gibt es aber keine gemeinsame Sprache. Jeder Abgeordnete hat das Recht, in seiner Muttersprache Vorschläge zu machen und Reden zu halten. Die Franzosen sprechen Französisch, die Deutschen sprechen Deutsch und die Schweden sprechen Schwedisch. Damit aber nicht das große, das totale Chaos ausbricht und sich die französischen, deutschen und schwedischen Abgeordneten überhaupt verstehen, gibt es in Straßburg viele Dolmetscher. Das ist positiv. Aber was machen die Politiker bloß ohne Dolmetscher, wenn sie miteinander zum Essen gehen wollen? (115 Wörter)

1. Lies den Text.
   In welchem Parlament sind viele europäische Länder vertreten?
   Woran müssen sich alle Mitgliedsländer der Europäischen Union halten?
   In welcher Sprache dürfen die Politiker ihre Reden halten?
   Warum gibt es so viele Dolmetscher im Europaparlament?
2. Lies den Text noch einmal. Sprich jedes Wort deutlich in Silben gegliedert.
3. Markiere die schwierigen Stellen in den Wörtern.

Meinungen äußern

Extrarunde

Was meinst du, warum jedes Land eine eigene Flagge hat? Überlege und begründe. Schreibe auf.

Wissen und Verstehen

Fremdwörter sind Wörter, die aus einer anderen Sprache kommen. Sie sind schwierig zu schreiben, weil sie meist anders ausgesprochen werden. Du erkennst sie oft an ihren besonderen Endungen: **-ion**, **-iv**, **-al**, **-ik**, **-ment** oder **-tion**.

die Un**ion** akt**iv** ov**al** die Polit**ik** das Funda**ment** die Organisa**tion**

Üben

1 Finde die passenden Fremdwörter. Trage sie ein.

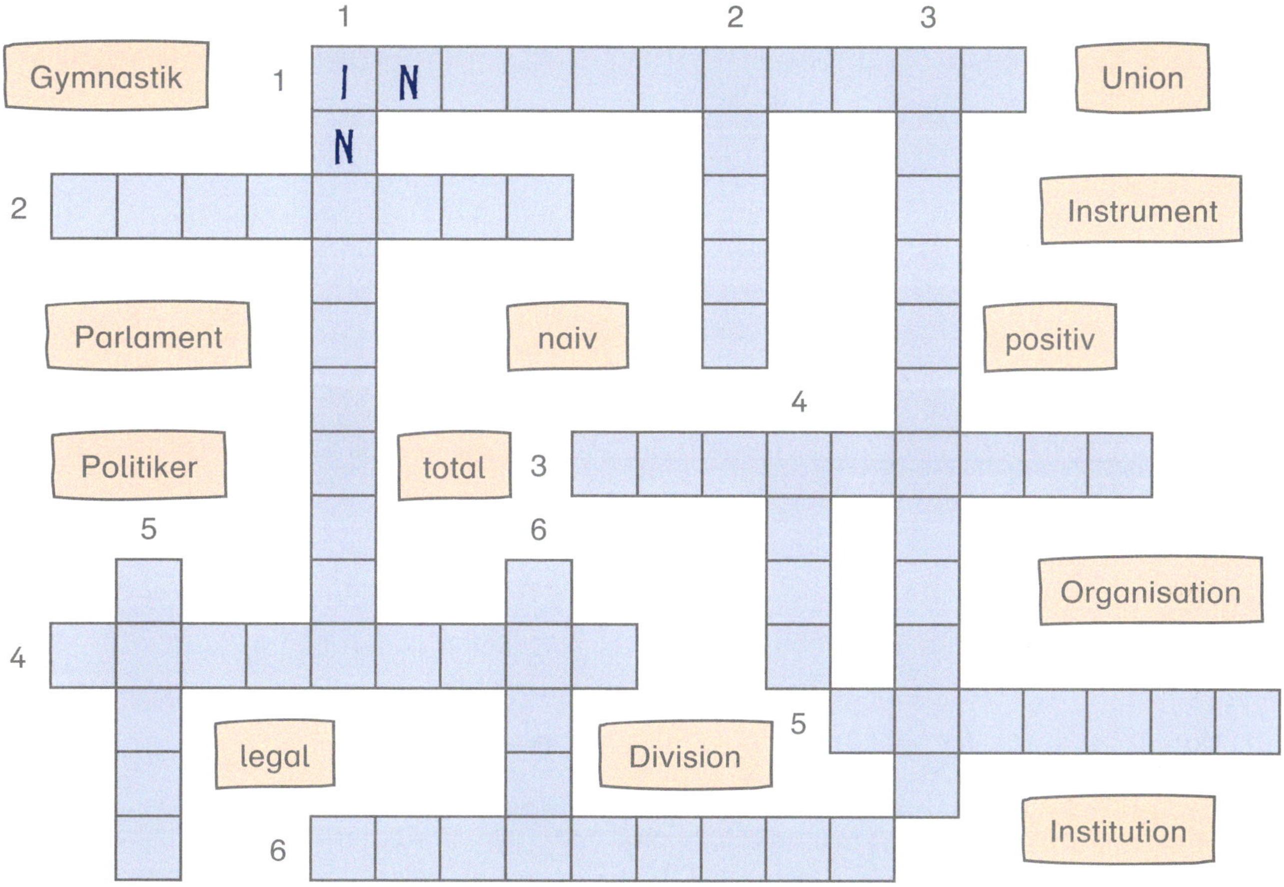

waagerecht
1 staatliche, gesellschaftliche oder kirchliche Einrichtung
2 Teilung (einer Zahl durch eine andere)
3 Bewegungsübungen
4 jemand, der ein politisches Amt ausübt
5 erfreulich, bejahend
6 gewählte Volksvertretung

senkrecht
1 fein gearbeitetes Werkzeug, auch Kurzform für Musikinstrument
2 Vereinigung, Bund, z. B. von Staaten
3 Vorbereitung, Durchführung, z. B. einer Veranstaltung
4 kindlich, gutmütig
5 vollständig, ganz und gar
6 gesetzlich erlaubt, rechtmäßig

Fremdwörter

Üben 2

Ordne, trage ein und markiere die Endungen.

Schau die Wörter in einem Fremdwörterbuch nach.

das Adjektiv die Aggression das Argument die Diskussion fatal das Fundament instinktiv die Kombination die Komik die Konfession kreativ loyal das Motiv das Parlament die Physik die Portion die Provokation das Quartal das Stadion die Station die Statistik die Taktik das Temperament zentral

-ion	-iv	-al
die Aggression		

-tion	-ik	-ment

Üben 3

Ein Wort ist falsch eingeordnet. Setze es mit einem Pfeil an die richtige Stelle. Kontrolliere mit deinem Wörterbuch.

DUDEN A–Z

damit	das	die	deutsch	dort

Üben 4 Wende die verschiedenen Rechtschreibstrategien an.

Suche die falsch geschriebenen Wörter und schreibe sie richtig auf.

VORSCHLAGSPRACHEMITGLEIDVERTRÄGECHAOSDOLMETSCHERNATONEN

....

Sprich jedes Wort deutlich. Wie kannst du die Wörter ordnen? Trage sie in die Tabelle ein und finde passende Überschriften. Was fällt dir auf?

geschlossen schließen er isst er aß fließen der Schluss
die Straße lassen groß der Schoß essen bloß müssen
gießen blass weiß nass der Kuss das Floß der Schuss

?	?

Das fällt mir auf: ....

....

Rechtschreibstrategien anwenden

Groß oder klein? Bilde Sätze und schreibe sie auf.

Isabella Aylin
John Lukas Miguel
Gunnar André

kann lernt
schreibt spricht
versteht

kein nicht
gut schlecht

John versteht schlecht Französisch.

Und du? ....

Suche Wörter im Diktattext, die du dir merken musst. Schreibe sie so oft, bis du sie auswendig schreiben kannst.

Lückendiktat: Wörter einsetzen

Europaparlament

Im .... der Europäischen .... sind viele .... vertreten. Die ...., die in dieser .... als Abgeordnete arbeiten, werden von den Bürgern der Mitgliedsländer gewählt. Alle europäischen Mitgliedsländer müssen sich an gemeinsam geschlossene Verträge halten. Im ....-parlament gibt es aber keine gemeinsame Sprache. Jeder .... hat das Recht, in seiner Muttersprache Vorschläge zu machen und Reden zu halten. Die Franzosen sprechen Französisch, die Deutschen sprechen Deutsch und die Schweden sprechen Schwedisch. Damit aber nicht das große, das .... Chaos ausbricht und sich die französischen, deutschen und schwedischen Abgeordneten überhaupt verstehen, gibt es in Straßburg viele .... Das ist .... Aber was machen die Politiker bloß ohne Dolmetscher, wenn sie miteinander zum Essen gehen wollen?

- Ergänze die fehlenden Wörter.
- Lies den ersten Satz und merke ihn dir gut.
- Schreibe den Satz auswendig in dein Heft. Wiederhole dies mit allen Sätzen.
- Kontrolliere Wort für Wort und korrigiere deine Fehler.

Du kannst dir den Text oder Teile davon auch diktieren lassen.

Diktattext 9

Energie sparen

Energie sparen

Die Kosten für Energie steigen ständig und unaufhaltsam. Das bedeutet für jeden Einzelnen, nicht achtlos und verschwenderisch, sondern sparsam mit Energie umzugehen. Deshalb wurden auch die Strom fressenden Glühbirnen aus dem Handel gezogen und durch energiesparende Lampen ersetzt. Sie sind nicht nur sparsamer im Verbrauch, sondern erzielen ein vergleichbares Ergebnis. Außerdem sind sie meistens länger haltbar. Ayse und Paul sind auch dafür, dauerhaft Strom zu sparen. Dabei denken sie nicht an die Kostenersparnis, sondern an die Umwelt. Sie stellen sich vor, dass erneuerbare Energieträger wie Sonne, Wasser und Wind bald problemlos den Gesamtbedarf der Bevölkerung decken könnten, wenn nachhaltig mehr Strom gespart würde. Dafür machen sie sich unermüdlich stark. (111 Wörter)

1. Lies den Text.
   Warum müssen wir sparsam mit Energie umgehen?
   Wodurch wurden die Strom fressenden Glühlampen ersetzt?
   Was zeichnet die Energiesparlampen aus?
   Was sind erneuerbare Energien?
   Wofür machen sich Ayse und Paul stark?
2. Lies den Text noch einmal. Sprich jedes Wort deutlich in Silben gegliedert.
3. Markiere die schwierigen Stellen in den Wörtern.

Meinungen äußern

Extrarunde

Wie kannst du zu Hause und in der Schule dazu beitragen, Energie zu sparen? Schreibe auf.

Die Wortbausteine -ig, -isch, -lich, -bar, -sam, -los, -haft

Wissen und Verstehen

Wörter mit den nachgestellten Wortbausteinen **-ig**, **-isch**, **-lich**, **-bar**, **-sam**, **-los** oder **-haft** sind Adjektive. Sie werden kleingeschrieben.

durst**ig** neid**isch** freund**lich** dank**bar** lang**sam** neid**los** dauer**haft**

Üben

1 Suche in den Texten alle Wörter mit den Wortbausteinen **-ig**, **-isch**, **-lich**, **-bar**, **-sam**, **-los** und **-haft**. Markiere und zähle sie. Trage ein.

-ig 2 -isch ___ -lich ___ -bar ___ -sam ___ -los ___ -haft ___

Die Wortbausteine -ig, -isch, -lich, -bar, -sam, -los, -haft

Üben 2 Ergänze passende Wörter aus der jeweiligen Wortfamilie.

-los

problemlos	das Problem
ziellos	
	der Kern
	lieb
grenzenlos	

-sam

langsam	
	streben
	sparen
	selten
mühsam	

-bar

	die Sicht
bemerkbar	
	vergleichen
	ersetzen
erneuerbar	

-haft

fehlerhaft	
	böse
	schmecken
traumhaft	
	der Vorteil

Üben 3 Sortiere die Wörter nach dem Abc von Z bis A. Kontrolliere mit deinem Wörterbuch.

steigen meistens auch ständig decken sondern dafür

....

....

Üben 4 Wende die verschiedenen Rechtschreibstrategien an.

Schreibe den Satz richtig auf.

Das bedeutet für jeden Einzelnen, nicht achtlos und verschwenderisch, sondern sparsam mit Energie umzugehen.

....

....

Ergänze die Sprechblasen.

... dass mehr Strom gespart werden könnte. ... dass wir unsere Mitschüler überzeugen können. ... dass wir mit unseren Aktionen Erfolg haben werden. ... dass es erneuerbare Energieträger gibt. ... dass die Strom fressenden Glühbirnen ersetzt wurden.

Wir hoffen, ...

Wir wissen, ...
....

Wir stellen uns vor, ...
....

Wir freuen uns darüber, ...
....

Wir glauben, ...
....
....

Rechtschreibstrategien anwenden

Groß oder klein?
Untersuche die Beschreibungen genau.
Sie können getrennt oder zusammengeschrieben werden.
Ergänze.

Strom fressende Glühbirnen	stromfressende Glühbirnen
	energiesparende Lampen
	ekelerregender Abfall
Feuer speiende Vulkane	
	kraftraubende Arbeit
	gewinnbringende Geldanlagen
Rat suchende Menschen	
	besorgniserregende Zustände
	krebserregende Chemikalien
Wasser abweisende Stoffe	

Die von der Dudenredaktion empfohlenen Schreibungen sind gelb unterlegt.

Suche Wörter im Diktattext, die du dir merken musst. Schreibe sie so oft, bis du sie auswendig schreiben kannst.

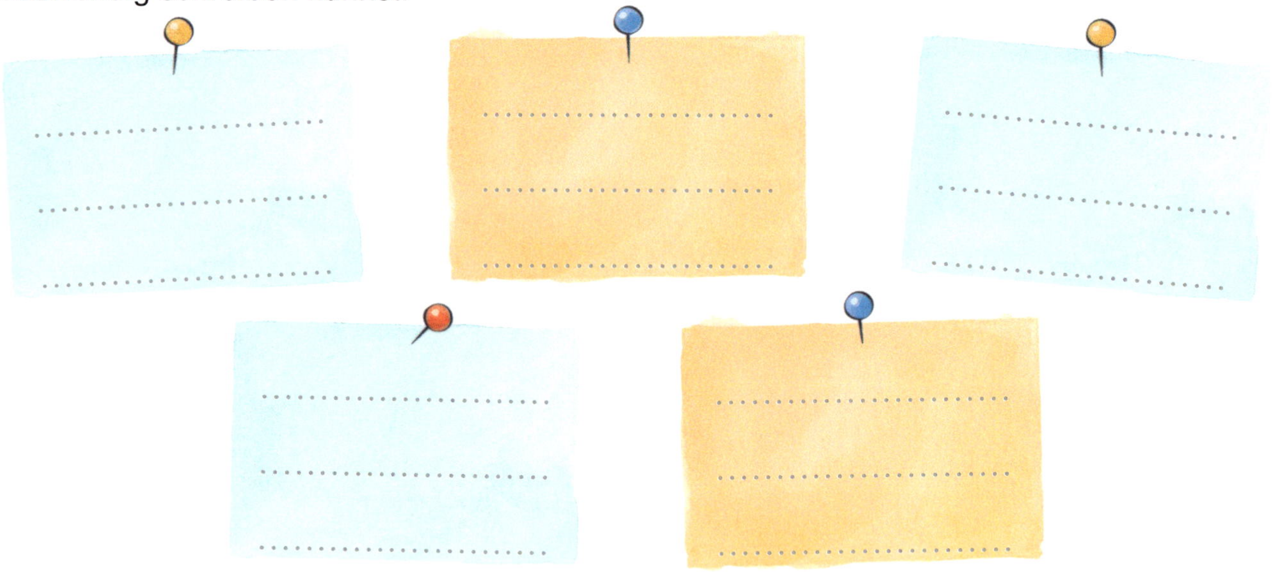

Puzzlediktat: Satzanfang und Satzende verbinden

Energie sparen

Die Kosten für Energie steigen	sondern an die Umwelt.
Das bedeutet für jeden Einzelnen, nicht achtlos und verschwenderisch,	und durch energiesparende Lampen ersetzt.
Deshalb wurden auch die Strom fressenden Glühbirnen aus dem Handel gezogen	den Gesamtbedarf der Bevölkerung decken könnten, wenn nachhaltig mehr Strom gespart würde.
Sie sind nicht nur sparsamer im Verbrauch,	sich unermüdlich stark.
Außerdem sind sie	ständig und unaufhaltsam.
Ayse und Paul sind auch dafür,	meistens länger haltbar.
Dabei denken sie nicht an die Kostenersparnis,	sondern erzielen ein vergleichbares Ergebnis.
Sie stellen sich vor, dass erneuerbare Energieträger wie Sonne, Wasser und Wind bald problemlos	sondern sparsam mit Energie umzugehen.
Dafür machen sie	dauerhaft Strom zu sparen.

- Verbinde jeden Satzanfang mit dem passenden Satzende.
- Lies den ersten Satz und merke ihn dir gut.
- Schreibe den Satz auswendig in dein Heft. Wiederhole dies mit allen Sätzen.
- Kontrolliere Wort für Wort und korrigiere deine Fehler.

Du kannst dir den Text oder Teile davon auch diktieren lassen.

Lösungen

Besprich Aufgaben, zu denen du hier keine Lösung findest, mit einem Erwachsenen.

Seite 7 Üben 1

die Wohnung, das Ereignis, die Freundlichkeit, die Trübsal, die Gesundheit, das Altertum, die Feindschaft

der Orangensaft, das Wachstum

Seite 8 Üben 2

der Reichtum, die Verwandtschaft, die Mühsal, die Freundschaft, das Altertum, der Irrtum, die Trübsal, die Nachbarschaft, das Eigentum, die Bekanntschaft, das Heiligtum

Seite 9

Dann legt Brummel ihr vor dem Einschlafen beruhigend und tröstend seine Tatze auf die Schulter.

Seite 9

lachen lachende Kinder

Oma stieg lachend aus dem Auto aus.

bellen bellende Hunde

Coco kam bellend auf uns zu.

trösten tröstende Worte

Brummel legt tröstend seine Tatze auf ihre Schulter.

beruhigen beruhigende Musik

Olaf sprach beruhigend auf seine Schwester ein.

tanzen tanzende Paare

Alije bewegte sich tanzend im Raum.

schmatzen schmatzende Babys

Das Baby nuckelte schmatzend an seiner Flasche.

Seite 10

Nomen	Verb	Adjektiv
die Liebe	lieben	lieb
der Ekel	sich ekeln	ekelig
die Trauer	trauern	traurig
die Angst	sich ängstigen	ängstlich
der Ärger	sich ärgern	ärgerlich
die Wut	wüten	wütend
die Freude	sich freuen	freudig
der Trotz	trotzen	trotzig

Seite 13 Üben 1

das **H**ervorheben – hervorheben, das **U**nterstreichen – unterstreichen, das **A**usschneiden – ausschneiden, das **M**arkieren – markieren, das **E**infügen – einfügen, das **M**alen – malen, das **Z**eichnen – zeichnen, das **S**peichern – speichern, das **K**orrigieren – korrigieren, das **L**öschen – löschen, das **V**ergrößern – vergrößern, das **V**erkleinern – verkleinern, das **F**ormatieren – formatieren, das **K**opieren – kopieren

Seite 14 Üben 2

Zum Spielen brauche ich Freunde.	der	die	**dem**
Beim Lernen konzentriere ich mich.	den	**dem**	das
Fürs Zeichnen gibt es spezielle Bleistifte.	den	**das**	die
Zur Bearbeitung eines Textes verwende ich ein Wörterbuch.	das	dem	**der**
Vom Surfen ist ihm ganz schwindelig.	der	**dem**	das
Ans Speichern denkt Klara immer.	**das**	den	dem

Lösungen

Seite 6–26

Beim Ausschneiden muss man genau hinschauen. — die | dem | der

Zum Komponieren kann man einen Computer benutzen. — das | der | dem

Seite 15

Das findet er toll.

Seite 15

eine **spezielle** Ausrüstung, ein sehr **spezieller** Typ; **finanzielle** Sorgen, **finanziell** abhängig sein; eine **offizielle** Bestätigung, eine **offizielle** Einweihung; **kriminelle** Handlungen, eine **kriminelle** Fahrweise

Seite 16

der Programmstart
die Programmvorschau
das Programmheft
die Programmzeitschrift
der Programmhinweis

das Fernsehprogramm
das Druckprogramm
das Waschprogramm
das Zeichenprogramm
das Trainingsprogramm

Seite 19 Üben 1

ist nicht immer →

Das Interessanteste	→	das Neueste.
Der Erste	→	der Schnelle.
Das Schlechteste	→	das Preiswerteste.
Das Sparsamste	→	das Billige.
Das Beste	→	das Teuerste.
Der Reichste	→	der Geizige.

Seite 20 Üben 2

Ich möchte **etwas Interessantes.**
Ich möchte **viel Spannendes.**
Ich möchte **alles Aktuelle.**
Ich möchte **etwas Wissenswertes.**
Ich möchte **nichts Langweiliges.**
Ich möchte **wenig Anspruchsvolles.**

Seite 21

der Schnäppchenjäger, die Wettermappe, der Wetterfrosch, die Wetterseite, die Tageszeitung, das Fahrradrennen, der Sportteil

Seite 21

Vergangenheit	Gegenwart	Zukunft
gestrig	heute	zukünftig
gestern	gegenwärtig	morgen
vorgestern	heutig	übermorgen

Seite 22

das Interessante, das Neueste, die Schnellsten, das Wissenswerte, das Preiswerteste, das Billigste, das Bunte, das Aktuelle	die Tageszeitung, die Teile, die Leser, die Politik, die Wirtschaft, der Sportteil, das Fahrradrennen, der Schnäppchenjäger, die Suche, der Anzeigenteil, Leo, die Schwester, Laura, die Zeitung, das Kügelchen, der Wetterfrosch, die Wetterseite, die Wettermappe

Seite 25 Üben 1

ohne Dehnungszeichen: der Samen, das Gras, der Käfer, das Schaf, leben

Doppelvokal: der Klee, der See

Dehnung durch -h: die Möhre, das Jahr, fühlen, kahl, wohl

Dehnung durch -ie: die Wiese, das Tier, die Biene, die Kriechtiere, viele

Dehnung durch -ieh: das Vieh

Seite 26 Üben 2

das Boot, hohl, das Moor, der Kohl
das Beet, sehr, die Seen, mehr
der Saal, kahl, die Saat, der Zahn
das Tier, der Teer, die Vier/vier, das Meer

Lösungen

Seite 27

Feuchtwiesen findet man oft an Seen und Flüssen.

Seite 27

das Gänseblümchen, der Storchenschnabel, das Löwenmäulchen, die Teufelskralle, der Hahnenfuß, der Löwenzahn, die Sonnenblume, der Märzenbecher, das Hirtentäschel, der Hasenklee

Seite 28

das glänzende **Schwarz,** das matte **Grau**, das dunkle **Blau**, das satte **Grün**, das gedeckte **Braun,** das glühende **Rot**, das helle **Orange**, das schimmernde **Gold**

Seite 31 Üben 1

der Wall – der Wald, die Wanze – die Wanne, die Kanne – die Kante, die Kelten – die Kellen

zwei gleiche Konsonanten: immer, gebrannt, die Metalle, die Waffen, die Flamme, hell, offen, aufpassen, das Wasser, er stellt
zwei verschiedene Konsonanten: spenden, der Schutz, wild, der Wald, der Brand, die Kerze

Seite 32 Üben 2

er rennt, sie rennt, es rennt, du rennst, ihr rennt
er brennt, sie brennt, es brennt
er stellt, sie stellt, es stellt, du stellst, ihr stellt,
er stellte, sie stellte, es stellte, sie stellten
er schwimmt, sie schwimmt, es schwimmt,
du schwimmst, ihr schwimmt
er passt, sie passt, es passt, du passt, er passte,
sie passte, es passte, sie passten
er kommt, sie kommt, es kommt, du kommst,
ihr kommt

Seite 33

Deshalb passt Florian beim Anzünden der Adventskranzkerzen auch besonders auf.

Seite 33

entlaufen, entsorgen, die Entfernung, entweder, entdecken, entschuldigen, entlang, entscheiden entmutigt, entgehen, enttäuscht, entziffern, entzünden, entsetzlich

Seite 34

das Brandmal, die Brandmauer, der Brandherd, die Brandblase, der Brandsatz, die Brandschneise, die Brandfläche, das Brandzeichen, die Brandstifterin, der Brandgeruch
der Hausbrand, der Waldbrand, der Herdbrand, der Sonnenbrand, der Kabelbrand, der Flächenbrand, der Zimmerbrand, der Steppenbrand

Seite 37 Üben 1

einfache Namen: Haydnstraße, Bismarckplatz, Martinstor, Johanneskirche, Friedrichsplatz
von Orts- und Ländernamen abgeleitet: Brandenburger Tor, Bremer Straße, Danziger Straße, Kölner Dom, Pariser Platz
mehrteilige Namen: Rosa-Luxemburg-Platz, Josef-Haydn-Straße, Kaiser-Wilhelm-Gedächtnis-Kirche, Hans-Thoma-Platz, Willy-Brandt-Straße

Seite 38 Üben 2

Frau Anne Fritz	**Frankfurter Straße 5**
Frau Lina Pauls	**Ernst-Reuter-Platz 11–14**
Herr Heiko Specht	**Karlsplatz 4**
Herr Klaus Meier	**Pariser Platz 16**
Frau Claudia Scherz	**Max-Joseph-Straße 13**
Herr Seref Atik	**Königstraße 2**

Seite 39

Landkarte, Stadtplan, Botschaft, Legende, Plätze

Seite 39

Verbindung	**Verb in der Grundform**
pürierte Kartoffeln	pürieren
panierte Schnitzel	panieren
foliierte Arbeitsblätter	foliieren
rasierte Beine	rasieren
explodierte Feuerwerkskörper	explodieren
spezialisierte Arbeiter	spezialisieren
marinierte Heringe	marinieren
kontrollierte Aufgaben	kontrollieren
programmierte Maschinen	programmieren
komplizierte Fälle	komplizieren

Lösungen

Seite 27–51

Seite 40

zum Beispiel:
England – englischer Tee, Frankreich – französischer Käse, Italien – italienischer Wein, Spanien – spanische Oliven, Griechenland – griechisches Olivenöl, Schweden – schwedisches Knäckebrot, Norwegen – norwegischer Lachs, Türkei – türkischer Honig, Belgien – belgische Pralinen

Schlesisches Tor: Eigenname

Seite 43 Üben 1

Zeitangabe mit Nomen: ein Donnerstag, in der Nacht, der Vormittag, am Sonntagmorgen, am Nachmittag
Zeitangabe mit Umstandswort: frühmorgens, morgens, werktags, mittags, samstags, spätabends, freitagmittags
Verbundene Zeitangabe: vorgestern Nacht, morgen Mittag, gestern Morgen

Seite 44 Üben 2

zum Beispiel:
der Morgen: morgens, am Morgen, gestern Morgen, heute Morgen
der Mittag: heute Mittag, mittags, Montagmittag, am Mittag, gestern Mittag
der Abend: vorgestern Abend, morgen Abend, am Abend, abends
die Nacht: Mittwochnacht, heute Nacht, letzte Nacht, nachts, in der Nacht

Seite 45

zum Beispiel:
Bahnhof, Hofhund, Hundekorb, Korbflasche, Flaschenpost

Seite 45

zum Beispiel:
heim-: heimgehen, heimlaufen, heimkommen, heimschleichen, heimbringen
vorbei-: vorbeigehen, vorbeilaufen, vorbeikommen, vorbeischauen, vorbeiziehen
aus-: ausziehen, ausgehen, auslaufen, ausfragen, ausdehnen, ausatmen
weg-: wegnehmen, weglaufen, wegrennen, wegwischen, wegfahren, weggeben

Seite 46

Nomen + Nomen: die Spielstraße, der Zeitungsbote, der Briefkasten, die Müllabfuhr, der Kindergarten, der Sonntagmorgen, das Schulhaus, die Autotür
Verb + Nomen: die Waschmaschine, die Spielstraße, der Schreibtisch, der Singvogel, die Stehlampe, die Trinkflasche, der Schaukelstuhl, die Gießkanne
Adjektiv + Nomen: der Hochbetrieb, die Querflöte, die Lautstärke, der Weichspüler, der Großvater, das Altpapier, das Falschgeld, der Langschläfer

Seite 49 Üben 1

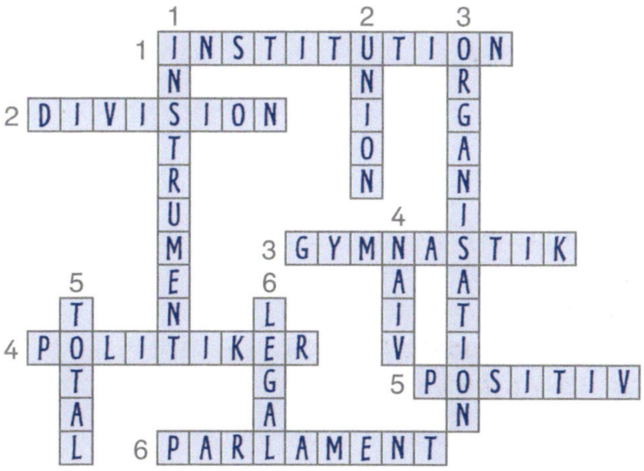

Seite 50 Üben 2

-ion: die Aggression, die Diskussion, die Konfession, das Stadion
-iv: das Adjektiv, instinktiv, kreativ, das Motiv
-al: fatal, loyal, das Quartal, zentral
-tion: die Kombination, die Portion, die Provokation, die Station
-ik: die Komik, die Physik, die Statistik, die Taktik
-ment: das Argument, das Fundament, das Parlament, das Temperament

Seite 51

Mitglied, Nation

Seite 51

mögliche Übeschriften:
ss – ß, kurz gesprochene Vokale – lang gesprochene Vokale

Lösungen

ss: geschlossen, er isst, der Schluss, lassen, essen, müssen, blass, nass, der Kuss, der Schuss
ß: schließen, er aß, fließen, die Straße, groß, der Schoß, bloß, gießen, weiß, das Floß

Mir fällt auf: Nach einem kurz gesprochenen Vokal wird das scharf gesprochene s als ss geschrieben. Nach einem lang gesprochenen Vokal wird das scharfe s als ß geschrieben.

Seite 52

zum Beispiel:
John versteht schlecht Französisch.
Lukas kann gut Englisch.
Isabella schreibt schlecht Deutsch.
Gunnar spricht gut Türkisch.
Aylin lernt kein Schwedisch.
Miguel versteht kein Italienisch.
André spricht nicht Spanisch.

Seite 55 Üben 1

vergleichbar, haltbar, verschwenderisch, unaufhaltsam, nachhaltig, unermüdlich, ständig, problemlos, dauerhaft, erneuerbar, achtlos, sparsam

-ig: 2; -isch: 1; -lich: 1, -bar: 3; -sam: 2; -los: 2; -haft: 1

Seite 56 Üben 2

-los: problemlos – das Problem, ziellos – **das Ziel**, **kernlos** – der Kern, **lieblos** – lieb, grenzenlos – **die Grenze**
-sam: langsam – **die Langsamkeit**, **strebsam** – streben, **sparsam** – sparen, **seltsam** – selten, mühsam – **die Mühe**
-bar: sichtbar – die Sicht, bemerkbar – **bemerken, vergleichbar** – vergleichen, **ersetzbar** – ersetzen, erneuerbar – **erneuern**
-haft: fehlerhaft – **der Fehler**, **boshaft** – böse, **schmackhaft** – schmecken, traumhaft – **der Traum**, **vorteilhaft** – der Vorteil

Seite 57

Das bedeutet für jeden Einzelnen, nicht achtlos und verschwenderisch, sondern sparsam mit Energie umzugehen.

Seite 57

zum Beispiel:
Wir hoffen, dass wir unsere Mitschüler überzeugen können.
Wir wissen, dass es erneuerbare Energieträger gibt.
Wir stellen uns vor, dass mehr Strom gespart werden könnte.
Wir freuen uns darüber, dass die Strom fressenden Glühbirnen ersetzt wurden.
Wir glauben, dass wir mit unseren Aktionen Erfolg haben werden.

Seite 58

Strom fressende Glühbirnen	stromfressende Glühbirnen
Energie sparende Lampen	energiesparende Lampen
Ekel erregender Abfall	ekelerregender Abfall
Feuer speiende Vulkane	feuerspeiende Vulkane
Kraft raubende Arbeit	kraftraubende Arbeit
Gewinn bringende Geldanlagen	gewinnbringende Geldanlagen
Rat suchende Menschen	ratsuchende Menschen
Besorgnis erregende Zustände	besorgniserregende Zustände
Krebs erregende Chemikalien	krebserregende Chemikalien
Wasser abweisende Stoffe	wasserabweisende Stoffe